Felix & Theo

OH,
MARIA ...

Langenscheidt

Berlin · Madrid · München · Warschau · Wien · Zürich

Leichte Lektüren
Deutsch als Fremdsprache in drei Stufen
Oh, Maria ... *Stufe 1*

Dieses Werk folgt der neuen Rechtschreibung
entsprechend den amtlichen Richtlinien.

© 1991 by Langenscheidt KG, Berlin und München

Druck und Bindung: Stürtz GmbH, Würzburg

ISBN 978-3-468-49681-3

Die Hauptpersonen dieser Geschichte sind:

Helmut Müller, Privatdetektiv, muss nach München fliegen, um dort einen Auftrag zu erledigen. Im Flugzeug begegnet er Maria, seiner früheren Freundin.
Maria Hintersberger, will einige Tage in München bleiben, weiß aber noch nicht, ob sie Zeit hat, mit Müller essen zu gehen.
Peter von Hacker, Textilfabrikant, hat ein Problem: Seine Tochter ist mit einem italienischen Schlagersänger verschwunden.
Bea Braun, Müllers Sekretärin, bleibt in Berlin und trifft sich mit Kommissar Schweitzer.
Kommissar Schweitzer weiß viel über Maria Hintersberger und hat einen schlimmen Verdacht.

1

‚Mein Gott, ist das heiß', denkt Helmut Müller. August ist der Monat mit den höchsten Temperaturen in Berlin. Müller steht auf der Wilmersdorfer Straße und wartet auf ein Taxi. Er hat einen kleinen Koffer in der Hand. Er muss zum Flughafen. Es ist Samstagmittag und es fahren kaum Autos auf den Straßen. Viele Berliner sind im Urlaub. Wer nicht verreist ist, ist am Wannsee[1] beim Baden.
Endlich kommt ein Taxi. Müller steigt ein.
„Zum Flughafen Tegel, bitte, Lufthansa nach München."
Der Fahrer ist ein alter Berliner Taxifahrer. Er hat Lust, sich zu unterhalten. Müller spricht eigentlich gerne mit Taxifahrern, aber heute nicht. Er denkt an den Flug. Müller hasst Flugzeuge. Er hat Angst vorm Fliegen. Er muss nach München, weil er einen guten Auftrag bekommen hat. Ein Textilfabrikant hat gestern angerufen. Ein Routinefall. Und er arbeitet gerne in München. Er hat dort studiert, an

der Ludwig-Maximilians-Universität. Es war eine lustige Zeit damals. Müller ist heute 42 Jahre alt. Damals war er 20. Danach, Ende der 60er-, Anfang der 70er-Jahre, hatte er seine politische Phase. Die Studenten haben oft gestreikt, er auch. Er war mit Maria zusammen. Maria ...
„25 Euro, mein Herr."
„Wie bitte?" Müller träumt von München und von Maria.
„25 Euro, sach ick! Is wat?"³
„Nein, nein, schon gut, hier bitte."

2

Müller steigt aus und geht zum Lufthansa-Schalter. Seine Sekretärin, Bea Braun, hat gestern Abend noch den Flugschein im Reisebüro neben seinem Büro besorgt. Bea Braun ist die einzige Mitarbeiterin in Müllers Büro. Ein Privatdetektiv braucht nicht viel. Ein kleines Büro, ein Telefon, eine Sekretärin. Man verdient nicht viel, aber man braucht auch nicht viel.

Müller gibt seinen Flugschein einer jungen Frau am Schalter.

„Wo möchten Sie sitzen?"

„Ich möchte einen Platz ganz vorne, bitte."

„Fenster oder Gang?"

„Gang, bitte."

Am Fenster hat Müller noch mehr Angst vorm Fliegen. Wenn man aus dem Fenster schaut, ist alles so schrecklich tief unten. Furchtbar!

„Geben Sie Gepäck auf?"

„Nein."

„Bitte gehen Sie gleich zur Passkontrolle! Der Flug ist schon aufgerufen."

Die junge Frau gibt ihm die Bordkarte und den Flugschein. Der Beamte an der Passkontrolle sieht nur kurz in den Ausweis. Dann die Sicherheitskontrolle. Kein Problem.

In der Wartehalle sitzen schon viele Leute.

‚Ob die auch alle Angst haben?', denkt Müller. Er sucht sich einen Platz und zieht seine Jacke aus.

Er setzt sich und betrachtet die Leute.

„Aber ... das ist doch ..., Mensch, na so was! Maria!"

„Helmut! Das gibt's doch gar nicht, Mensch, Helmut!"

„Maria! Ich werd verrückt. Mensch, siehst du gut aus! Wie geht's dir? Was machst du hier? Wir haben uns ja eine Ewigkeit nicht gesehen!"

„Na und du! Ein bisschen älter, ein bisschen runder, aber charmant wie immer! Warum fliegst du nach München?"

„Ich muss einen Kunden besuchen."

„Was tust du denn so?"

„Du wirst es nicht glauben, ich bin Privatdetektiv."

„Was, so wie im Krimi?"

„Nein, nein, im Krimi trinken Privatdetektive Whisky und lieben schöne Frauen. Ich trinke Bier und liebe niemand."
„Na komm, aber ernsthaft, wie geht's dir?"
„Na ja, nicht so toll. Und du? Wie geht's dir?"
„Ich, ach ..." Maria zögert einen Moment. „Ich, ich habe eine Boutique."
Jetzt sieht Müller auch, dass Maria sehr gut gekleidet ist. Elegante Bluse, enger schwarzer Rock aus gutem Stoff, feine Lederschuhe. Früher hatte Maria immer Jeans und Pulli an, und Turnschuhe.

3

Im Flugzeug fragt Müller seinen Nachbarn, einen jungen Amerikaner, ob er mit Maria Platz tauscht. Er ist einverstanden. Jetzt sitzt Maria neben ihm und Müller hat weniger Angst. Er bestellt ein Bier.
„Wo wohnst du in München?", fragt Maria.
„Im Penta-Hotel. Das ist beim Deutschen Museum[4]. Ich gehe immer dorthin. Ich habe doch damals in Haidhausen[5] gewohnt, weißt du noch? Ich mag die Kneipen dort. Immer, wenn ich dort bin, denke ich an dich!"
„Ach, du alter Charmeur. Und wie lange bleibst du?"
„Wahrscheinlich zwei Tage. Das kommt darauf an. Und du?"
„Ich weiß nicht genau, einige Tage."

4

Während des Fluges wird Maria immer ernster und nervöser. Jedenfalls glaubt Müller das. ‚Aber vielleicht ist es auch nur eine Berufskrankheit, ich sehe immer irgendetwas Merkwürdiges', denkt er.
„Maria, wollen wir zusammen essen gehen, heute Abend oder morgen?"
„Ich möchte gerne, aber ..."
„Ach komm, wir haben uns so lange nicht gesehen ..."
„Ja, ich möchte wirklich, aber ich weiß nicht, ob ich kann." Maria ist sehr ernst, ihre Stimme klingt nervös.
„Ich rufe dich im Hotel an, wenn ich kommen kann."
„Ruf mich auf jeden Fall heute Abend an. Hier ist die Nummer vom Hotel. Um acht, o.k.?"
Müller schreibt die Telefonnummer des Hotels auf ein Stück Serviette.
Nach der Landung in München verabschieden sie sich.
„Wo fährst du hin? Wir können zusammen in die Stadt fahren. Ich nehme ein Taxi. Ich begleite dich bis ans Ende der Welt!"
„Ach, Helmut! Nein, ich komme nicht mit in die Stadt. Man erwartet mich. Danke. Mach's gut!"
„Also bis heute Abend. Tschüss!"
„Tschüss, Helmut", sagt Maria, wieder mit ernster Stimme.

5

‚Warum war sie plötzlich wieder so ernst und nervös?', denkt Müller, als er ins Taxi steigt. ‚Warum hat sie keine Zeit? Wir haben uns fast zwanzig Jahre nicht gesehen und sie hat keine Zeit!'

Im Hotel nimmt er eine Dusche, zieht sich um und geht dann zu seinem Kunden. Der Textilfabrikant Peter von Hacker ist ein großer, schlanker Mann um die fünfzig. Er hat einen beigen Sommeranzug an, sein Gesicht ist von der Sonne gebräunt.

„Guten Tag, Herr Müller. Schön, dass Sie schon da sind. Setzen Sie sich bitte."

Peter von Hacker erklärt Müller sein Problem. Er soll seine Tochter suchen, ein Mädchen von 20 Jahren, das mit einem italienischen Schlagersänger verschwunden ist. Offensichtlich mag Herr von Hacker keine italienischen Schlagersänger. Herr von Hacker gibt Müller noch einige Informationen und Adressen von Freunden seiner Tochter. Sie sprechen über das Honorar, dann muss Herr von Hacker zu einer Modenschau in den „Bayerischen Hof", das beste und eleganteste Hotel in München.

Helmut Müller hat keine Lust, jetzt zu arbeiten. Er möchte lieber ein bisschen spazieren gehen und nimmt die U-Bahn zum Odeonsplatz. Von dort aus geht er an der Universität vorbei zum Englischen Garten. Überall liegen dort die Münchner im Rasen und genießen die Sonne. Einige erfrischen sich im Eisbach. Müller geht weiter zum Chinesischen Turm. Dort gibt es einen wunderschönen, riesengroßen Biergarten. Hier war er oft mit seinen Freunden und natürlich mit Maria. Er holt sich eine Maß[6] Bier und eine Brezel und betrachtet die vielen Menschen um

ihn herum. Touristen aus Amerika, aus Japan, aus allen europäischen Ländern und natürlich auch viele Münchner, die wie er den Samstagnachmittag hier genießen. Gegen 19.00 Uhr geht er an der Isar entlang zurück zu seinem Hotel.

6

Müller ist in seinem Zimmer im Hotel und wartet. Es ist inzwischen fast 20 Uhr. Gleich wird Maria anrufen. Er freut sich auf den Abend mit ihr. Doch um 20 Uhr klingelt kein Telefon. Um 21 Uhr auch nicht. Er wartet bis 22 Uhr. Dann geht er traurig in die Hotelhalle. Er fragt den Empfangschef:
„Entschuldigen Sie, ich erwarte einen Anruf von einer Freundin. Können Sie mir sagen, ob ..."
„Welche Zimmernummer haben Sie?"
„Zimmer 25, mein Name ist Müller."
„Ja, ich habe hier eine Nachricht. Eine junge Dame gab mir diesen Brief. Ich sagte ihr, dass Sie im Zimmer sind, aber sie wollte nicht stören."

Müller nimmt den Brief und öffnet ihn.

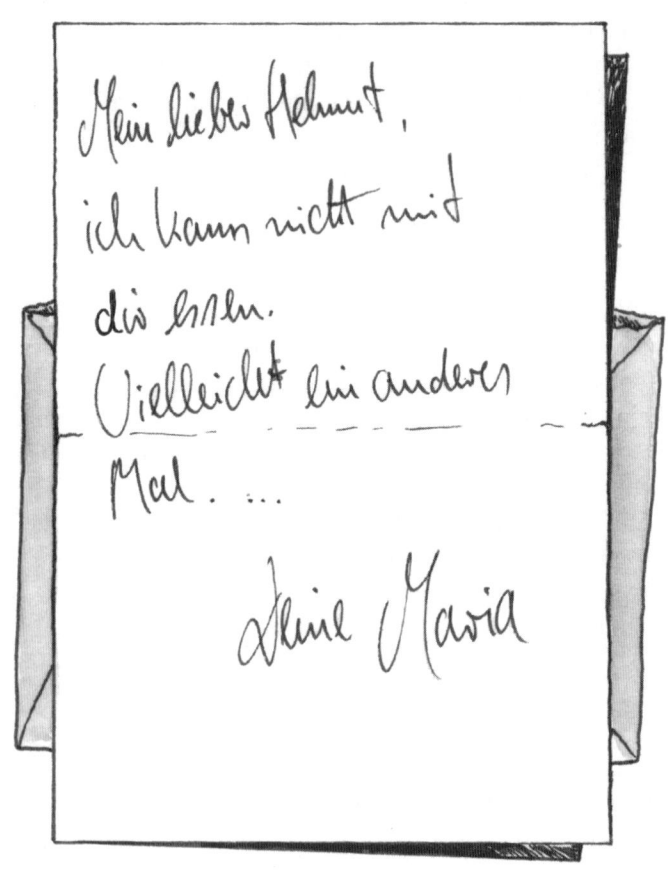

Mein lieber Helmut,
ich kann nicht mit
dir essen.
Vielleicht ein anderes
Mal. ...
                Deine Maria

An diesem Abend hat Helmut Müller keine Lust mehr, essen zu gehen. Seine Trauer ist größer als der Hunger. Er bleibt im Hotel, bestellt ein Bier und noch ein Bier und noch ein Bier, dann geht er schlafen.

7

Am Sonntag fährt er mit der S-Bahn an den Starnberger See. Eine der Adressen, die er von dem Textilfabrikanten bekommen hat, ist in Starnberg. Helmut Müller besucht eine Familie in der Nähe des Bahnhofs. Er fragt nach der Tochter des Fabrikanten und nach dem italienischen Schlagersänger. Die Leute sind nicht sehr hilfsbereit. Sie sagen, dass ein Mädchen mit 20 Jahren machen kann, was es will, und dass es lieben kann, wen es will.
Müller besucht noch eine andere Familie, die das Mädchen kennt. Auch hier die gleiche Antwort. ‚Na ja, eigentlich haben die Leute ja recht‘, denkt Müller.
‚Aber das ist nicht meine Angelegenheit. Peter von Hacker bezahlt und Schluss.‘
Er hat keine Lust, weiter zu suchen. Er geht auf der Promenade am See spazieren. Dann kauft er ein Ticket für eine Dampferfahrt. Früher ist er oft mit Maria und anderen Freunden Dampfer gefahren. Maria! Jetzt möchte er mit ihr auf dem Dampfer sein. Am Nachmittag fährt er mit der S-Bahn zurück nach München.

8

Er hat keine Lust, jetzt ins Hotel zu gehen. Er geht durch die Straßen von Haidhausen. Am Pariser Platz ist ein Eiscafé. Er setzt sich an einen der Tische, die auf dem Bürgersteig stehen. Er bestellt ein großes gemischtes Eis. Müller liebt diese Eisbecher. Früher hat er oft Eis gegessen. Heute muss er ein bisschen aufpassen. Eis macht dick und sein Bauch ist schon groß genug.

Auf der anderen Seite vom Pariser Platz ist ein McDonald's. Müller hasst Hamburger. Er versteht nicht, wie ein Mensch so etwas essen kann. Er betrachtet die Leute, die ins McDonald's gehen. Einige Jugendliche, einige Kinder. Und eine junge Frau: schwarze Lederjacke, schwarze Stiefel, enge Jeans, Sonnenbrille.
‚Sieht aus wie eine Rocksängerin', denkt Müller. Die Haare sind lang und verstecken das Gesicht. Vor dem Eingang von McDonald's bleibt sie stehen und sieht nach links und rechts. Jetzt erkennt Müller die Frau. Es ist Maria! In den Ledersachen konnte er sie nicht sofort erkennen. Warum hat sie sich so komisch angezogen? Müller will ihren Namen rufen, aber in diesem Moment fährt ein Motorrad über den Platz. Der Fahrer hält vor Maria. Er macht seine Lederjacke auf und nimmt etwas aus einer Innentasche. Er gibt es Maria. Sie steckt es in ihre Jacke. Der Motorradfahrer gibt Gas und fährt schnell weg.

Müller ist jetzt nicht mehr der alte Freund, der eine alte Liebe sucht, sondern nur noch Privatdetektiv. Er will Maria folgen. Er steht auf, geht über den Platz. Maria ist ins McDonald's gegangen. Langsam nähert er sich dem

Hamburger-Laden. Er geht rein. Maria ist nicht da. ‚Die Toilette', denkt er.

‚Sie muss gleich wieder da sein.' Er holt sich einen dieser schrecklichen Hamburger und wartet. Doch Maria bleibt auf der Toilette. Oder? Nach fünf Minuten fragt er eine junge Frau, die gerade aus der Toilette kommt: „Haben Sie eine junge Frau in einer schwarzen Lederjacke gesehen? Sie muss auf der Toilette sein!"

Das Mädchen schüttelt den Kopf: „Da ist niemand!"

„Mist, ich Anfänger! Wahrscheinlich hat sie mich gesehen und ist durch die Hintertür weggegangen." Müller ist sauer. Er schenkt seinen Hamburger dem jungen Mädchen und geht auf die Straße. Natürlich ist Maria nicht da.

9

Montag früh ruft Müller in Berlin an. Seine Sekretärin ist im Büro. „Bea, ich brauche Ihre Hilfe. Ich muss alles über Maria Hintersberger wissen. Sie ist 38 Jahre alt. Ihre heutige Adresse weiß ich nicht. Ihre Eltern wohnten vor 20 Jahren in Garmisch in der Alpspitzstraße. Wenn Sie sie erreichen, sagen Sie einen schönen Gruß von mir. Vielleicht erinnern sie sich an mich. Maria soll angeblich eine Boutique in Berlin haben."

„In Ordnung, ich versuche es. Heute ist hier im Büro sowieso nichts los. Rufen Sie mich in ein paar Stunden wieder an."

Gegen Mittag ruft Müller wieder in Berlin an.
„Tja, Herr Müller, ich habe eine Menge Sachen erfahren."
„Erzählen Sie!"
„Also, ich hab mit der Mutter telefoniert. Sie sagt, ihre Tochter macht ihr große Sorgen. Sie war einige Jahre verheiratet, jetzt ist sie geschieden. Sie ist viel gereist, war in Südamerika, in ganz Europa, in Asien. Was sie genau macht, weiß niemand. Wo sie jetzt ist, weiß auch niemand. Aber ihre Mutter hat sich sofort an Sie erinnert. Sie hat auch gefragt, wie es Ihnen geht."
„Schon gut, schon gut. Was machen Sie heute Nachmittag, Bea?"
„Na ja, ich wollte ... das Wetter ist so schön hier, ich wollte eigentlich an den Wannsee, wenn Sie einverstanden sind."
„Hören Sie gut zu, Bea. Zuerst gehen Sie zu Kommissar Schweitzer."
„Was? Zu dem Glatzkopf? Was soll ich da?"
„Er soll Informationen besorgen. Passen Sie auf: In meiner Wohnung – den Schlüssel finden Sie in meinem Schreibtisch – liegt ein Foto von Maria Hintersberger. Das Foto ist in einem Regal im Wohnzimmer."
„Oh!"
„Sie nehmen das Foto und zeigen es Schweitzer. Vielleicht weiß er mehr als wir. Ich rufe heute Nachmittag wieder an."

10

Inzwischen arbeitet Müller weiter an dem Fall „Peter von Hackers Tochter".
Allerdings ohne Erfolg. Überall die gleiche Reaktion. Die Leute sagen, der Vater soll sich um seine eigenen Angelegenheiten kümmern und seine Tochter in Ruhe lassen. Langsam hat Müller keine Lust mehr, die Tochter und den italienischen Schlagersänger zu suchen.

Am Nachmittag telefoniert er wieder mit Berlin. Aber es meldet sich niemand.
Auch in München ist das Wetter wunderbar. Zu schön, um noch weiter einen Schlagersänger und eine Fabrikantentochter zu suchen. Müller geht ins Hotel, duscht sich und bummelt dann durch die Münchner Innenstadt, Marienplatz, Stachus, Lenbachplatz. Er bummelt weiter bis zur Alten Pinakothek. Dort hängt eine der schönsten Gemäldesammlungen der klassischen Malerei Europas. Aber das Wetter ist zu schön für einen Museumsbesuch. Er geht lieber in einen kleinen Biergarten hinter dem Museum. Hier treffen sich Künstler, Filmemacher und der Münchner Jetset. Er mag keine Jetset-Leute, aber der Biergarten ist einfach wunderbar.
Am Abend bekommt er Besuch von Peter von Hacker.
Herr Hacker hat einen Scheck dabei.
„Herr Müller, ich danke Ihnen, Sie haben mir sehr geholfen!"
„Aber ..."
„Schon gut, meine Tochter ist wieder zu Hause. Wir haben miteinander gesprochen. Sie war sehr wütend, weil ich einen Detektiv engagiert habe. Sie meint, in einer Fami-

lie muss man solche Probleme selbst lösen. Sie hat ja auch recht. Ich muss mir mehr Zeit für meine Familie nehmen. Aber die Arbeit, die Arbeit. Na ja, Sie wissen ja, wie das so ist. Aber jetzt muss ich leider gehen, ich habe einen Termin – ich meine, ich gehe jetzt mit meiner Tochter in die Philharmonie! Also, nochmals vielen Dank. Hier ist Ihr Honorar. Ich hoffe, Sie sind zufrieden."

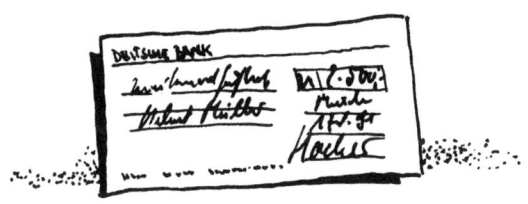

Helmut Müller nimmt den Scheck. Sehr freundlich, dieser Herr von Hacker! Müller ist sehr froh.

11

Am nächsten Morgen gegen 9 Uhr klingelt das Telefon in seinem Hotelzimmer. Müller ist noch ganz müde. Gestern Abend nach dem Essen war er in Schwabing in einer Musikkneipe, die bis 3 Uhr geöffnet hat – eine der wenigen Kneipen in München, die nicht schon um 1 Uhr schließen müssen.
„Hallo, Herr Müller, guten Morgen, es gibt viele Neuigkeiten." Bea Brauns Stimme klingt fröhlich.
„Guten Morgen, erzählen Sie! Was gibt's? Hat Kommissar Schweitzer etwas rausgekriegt?"
„Also: Der Kommissar war sehr freundlich. Er hat sehr viel herausgefunden: Maria Hintersberger, alias ‚Mara',

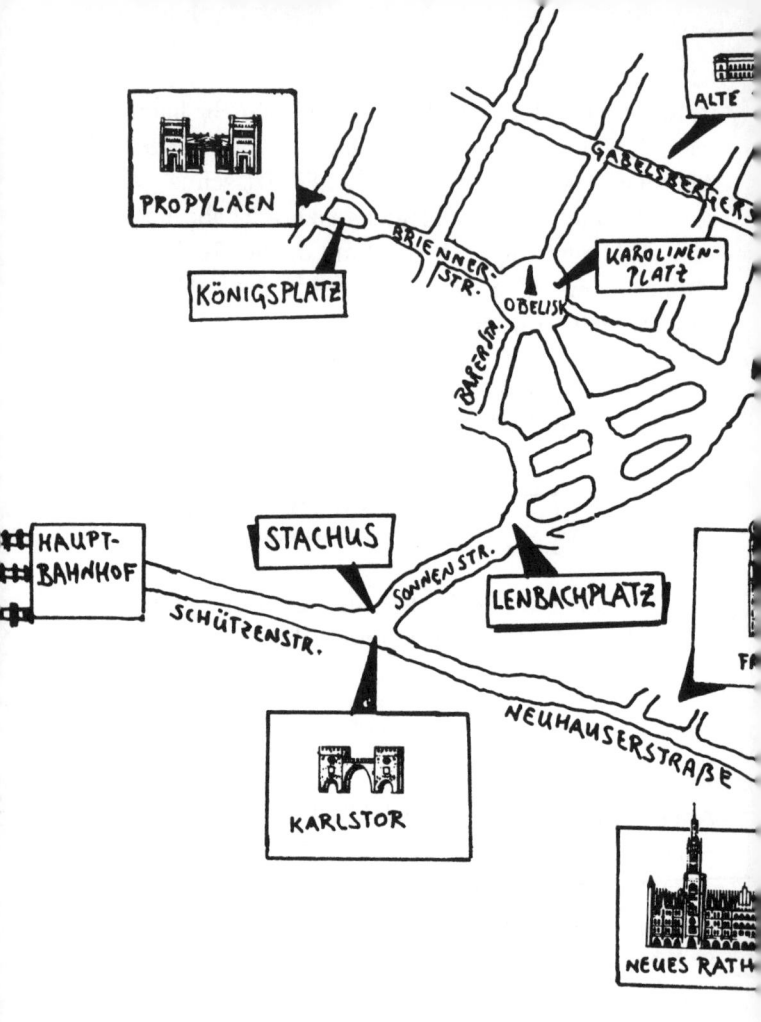

ist oder war die Chefin einer Diebesbande, die sich auf Diamanten spezialisiert hat. Die Bande arbeitet in ganz Europa. Vorgestern hat sie einen besonders großen Coup gelandet. Der ‚blaue Lotus', einer der schönsten Diamanten aus der Sammlung der Opernsängerin Thea Colettra in München, ist verschwunden. Die Polizei glaubt, dass Maria Hintersberger und ihre Bande die Täter sind."
„Sie ist Bandenchefin?"
„Jedenfalls sagt das Kommissar Schweitzer. Es kann auch sein, dass sie jetzt allein arbeitet. Die Polizei sucht sie jedenfalls schon seit zwei Jahren."
„Noch etwas?"
„Nein, eigentlich nicht. Doch. Kommissar Schweitzer hat mich zum Essen eingeladen! Er ist wirklich sehr nett. Er hat übrigens gefragt, in welchem Hotel Sie wohnen. Ich habe es ihm gesagt, das ist doch o.k., oder?"
„Ja, ja, natürlich. Aber Sie gehen doch nicht mit diesem Menschen essen?"
„Ach, ich weiß noch nicht. Warum nicht ..."

12

‚Auch das noch', denkt Müller, ‚jetzt geht meine Sekretärin auch noch mit diesem Kommissar zum Essen.' Er steht auf und geht duschen. Kaum steht er unter der Dusche, klingelt das Telefon schon wieder.
Es ist Kommissar Schweitzer.
„Ich habe von Ihrer Sekretärin erfahren – übrigens eine sehr nette und sympathische Person – dass Sie mit Maria Hintersberger, alias ‚Mara' befreundet sind."

„Das war mal vor 20 Jahren."
„Jedenfalls brauche ich Ihre Auskunft. Was wissen Sie vom Diebstahl des ‚blauen Lotus'?"
„Ich? Nichts! Wieso?"
„Wirklich nichts? Interessant! Der Diamant wurde vorgestern aus dem Hotelzimmer der Sängerin gestohlen. Und wissen Sie, in welchem Hotel?"
„Nein, keine Ahnung!"
„Aus dem Penta-Hotel in München! Also aus dem Hotel, in dem Sie seit vorgestern wohnen! Ich bin beauftragt, Sie zu vernehmen. Sie bleiben im Hotel, bis ich komme! Ich nehme das nächste Flugzeug, um 12 Uhr bin ich da."

Müller geht in die Empfangshalle des Hotels. Überall sind Polizisten, Fotografen, Journalisten. Der Empfangschef ruft ihn: „Herr Müller, hier ist wieder ein Brief von der jungen Dame!"

Mein Liebster!
Warum musste es dieses Hotel sein?
Es gibt doch so viele schöne Hotels
und Restaurants auf der Welt!
Wenn du diesen Brief liest,
bin ich auf dem Weg nach
Brasilien. Wie wär's mit
einem schönen Cocktail
an der Copa Cabana —
kommst du?
Ich küsse dich... M.

Landeskundliche Anmerkungen

1 Der Wannsee ist der größte See im Westen Berlins. Im Sommer geht man dort segeln und baden, im Winter laufen die Leute Schlittschuh.

2 Ende der 60er-Jahre gab es in Deutschland die Studentenbewegung. Die Studenten protestierten gegen das Establishment, gegen den Krieg der USA in Vietnam, gegen die alten Strukturen an den Universitäten.

3 sach ick = sag ich (Berliner Dialekt)
 is wat = ist was   ("   ")

4 Das Deutsche Museum ist berühmt, weil es eine große Sammlung naturwissenschaftlicher und technischer Entdeckungen der letzten zwei Jahrhunderte zeigt.

5 Haidhausen liegt im östlichen Stadtzentrum von München. Ähnlich wie in Schwabing wohnen dort auch viele Künstler und Studenten. In Haidhausen liegen auch der Rosenheimer und der Pariser Platz.

6 Maß Bier: Die Münchner trinken das Bier im Sommer oft aus großen Bierkrügen: Die „Maß" fasst einen Liter.

Übungen und Tests

1. Was wissen Sie jetzt über Herrn Müller?
   Bitte ausfüllen:

   Name ....

   Vorname ....

   wohnt in ....

   Studium in ....

   Beruf ....

   Alter ....

2. Was wissen Sie jetzt über Maria?
   Bitte ausfüllen:

   Name ....

   Kleidung ....

   Beruf ....

3. und 4. Richtig oder falsch? Bitte ankreuzen:

	r	f
Maria wohnt im Penta-Hotel.	☐	☐
Helmut Müller möchte mit Maria essen gehen.	☐	☐
Sie fahren zusammen mit einem Taxi nach München.	☐	☐
Maria bleibt vielleicht zwei Tage in München.	☐	☐

5. Ordnen Sie zu:

Peter v. Hacker

seine Tochter

Helmut Müller

liebt einen Schlagersänger

ist groß und schlank

hat keine Lust zu arbeiten

ist ungefähr 50 Jahre alt

ist ungefähr 20 Jahre alt

will zu einer Modenschau

hat einen Auftrag

6. und 7. Fragen beantworten:

Warum ist Müller an diesem Abend so traurig?
_____

Warum helfen die Leute in Starnberg dem Detektiv nicht?
_____

Haben die Leute recht? Was meinen Sie?
_____

8. Welche Frau ist Maria? Bitte ankreuzen:

9. Welches Foto soll Bea suchen? Bitte ankreuzen:

10. Was ist richtig? Herr von Hacker zahlt das Honorar an Müller, weil ...

a) Müller den Schlagersänger gefunden hat

b) Müller die Tochter gefunden hat

c) die Tochter zurückgekommen ist und mit ihrem Vater gesprochen hat

11. und 12. Fragen beantworten:

Wer hat den BLAUEN LOTUS gestohlen?

Wo wurde er gestohlen?

Wann wurde er gestohlen?

WER?	
WO?	
WANN?	

Sämtliche bisher in dieser Reihe erschienenen Bände:

Stufe 1

Oh, Maria…	32 Seiten	Bestell-Nr.	**49681**
– mit Mini-CD	32 Seiten	Bestell-Nr.	**49714**
Ein Mann zu viel	32 Seiten	Bestell-Nr.	**49682**
– mit Mini-CD	32 Seiten	Bestell-Nr.	**49716**
Adel und edle Steine	32 Seiten	Bestell-Nr.	**49685**
Oktoberfest	32 Seiten	Bestell-Nr.	**49691**
– mit Mini-CD	32 Seiten	Bestell-Nr.	**49713**
Hamburg – hin und zurück	40 Seiten	Bestell-Nr.	**49693**
Elvis in Köln	40 Seiten	Bestell-Nr.	**49699**
– mit Mini-CD	40 Seiten	Bestell-Nr.	**49717**
Donauwalzer	48 Seiten	Bestell-Nr.	**49700**
Berliner Pokalfieber	40 Seiten	Bestell-Nr.	**49705**
– mit Mini-CD	40 Seiten	Bestell-Nr.	**49715**
Der Märchenkönig	40 Seiten	Bestell-Nr.	**49706**
– mit Mini-CD	40 Seiten	Bestell-Nr.	**49710**

Stufe 2

Tödlicher Schnee	48 Seiten	Bestell-Nr.	**49680**
Das Gold der alten Dame	40 Seiten	Bestell-Nr.	**49683**
– mit Mini-CD	40 Seiten	Bestell-Nr.	**49718**
Ferien bei Freunden	48 Seiten	Bestell-Nr.	**49686**
Einer singt falsch	48 Seiten	Bestell-Nr.	**49687**
Bild ohne Rahmen	40 Seiten	Bestell-Nr.	**49688**
Mord auf dem Golfplatz	40 Seiten	Bestell-Nr.	**49690**
Barbara	40 Seiten	Bestell-Nr.	**49694**
Ebbe und Flut	40 Seiten	Bestell-Nr.	**49702**
– mit Mini-CD	40 Seiten	Bestell-Nr.	**49719**
Grenzverkehr am Bodensee	56 Seiten	Bestell-Nr.	**49703**
Tatort Frankfurt	48 Seiten	Bestell-Nr.	**49707**
Heidelberger Herbst	48 Seiten	Bestell-Nr.	**49712**
– mit Mini-CD			

Stufe 3

Der Fall Schlachter	56 Seiten	Bestell-Nr.	**49684**
Haus ohne Hoffnung	40 Seiten	Bestell-Nr.	**49689**
Müller in New York	48 Seiten	Bestell-Nr.	**49692**
Leipziger Allerlei	48 Seiten	Bestell-Nr.	**49704**
Müller auf Rügen	48 Seiten	Bestell-Nr.	**49727**
– mit Mini-CD			